Carlos Rios-Campos
Gonzalo Orozco Vilema
Oscar Anchundia-Gómez

HISTÓRIAS DE SUCESSO DA TRANSFORMAÇÃO DIGITAL

Carlos Rios-Campos
Gonzalo Orozco Vilema
Oscar Anchundia-Gómez

HISTÓRIAS DE SUCESSO DA TRANSFORMAÇÃO DIGITAL

ESTÓNIA E SINGAPURA

ScienciaScripts

Imprint
Any brand names and product names mentioned in this book are subject to trademark, brand or patent protection and are trademarks or registered trademarks of their respective holders. The use of brand names, product names, common names, trade names, product descriptions etc. even without a particular marking in this work is in no way to be construed to mean that such names may be regarded as unrestricted in respect of trademark and brand protection legislation and could thus be used by anyone.

Cover image: www.ingimage.com

This book is a translation from the original published under ISBN 978-613-9-43306-3.

Publisher:
Sciencia Scripts
is a trademark of
Dodo Books Indian Ocean Ltd. and OmniScriptum S.R.L publishing group

120 High Road, East Finchley, London, N2 9ED, United Kingdom
Str. Armeneasca 28/1, office 1, Chisinau MD-2012, Republic of Moldova, Europe
Printed at: see last page
ISBN: 978-620-8-04631-6

Carlos Rios-Campos
Profissão: Doutor em Gestão Universitária. Mestre em Administração. Engenheiro de Sistemas. Diretor do Instituto de Investigação em Tecnologias de Informação e Comunicação - IITIC.
Instituição: Universidad Nacional Toribio Rodríguez de Mendoza de Amazonas
E-mail: carlos.rios@untrm.edu.pe
Chiclayo, Peru

Gonzalo Orozco Vilema
Profissão: Doutor em Ciências da Educação, Mestre em Gestão Educacional, Especialista em Projectos Educativos, Arquiteto Urbanista - Investigador. Concelho. Analista 3 do Diretor de Cooperação e Gestão de Recursos. Funcionário externo da Coordenação de Internalização e Mobilidade Académica, Docente
da Faculdade de Filosofia, Letras e Ciências da Educação do Curso de Licenciatura em

Instituição de ensino básico
: Universidad de Guayaquil
E-mail: ernestoorozcovilema@gmail.com,
gonzalo.orozcov@ug.edu.ec
Guayaquil, Equador

Óscar Anchundia-Gómez
Profissão: Doutor em Educação - Ph.D., Mestre em Ensino Universitário e Investigação Educacional, Licenciado em Informática. Ex-Diretor da Carreira Sistemas Multimédia, Diretor da RED-IEB (Red de Docentes Investigadores de la Carrera Educación Básica) e Docente-Carrera Educación Básica.
Instituição: Universidade de Guayaquil - Faculdade de Filosofia.
Correio eletrónico: oscar.anchundiag@ug.edu.ec
Guayaquil, Equador

O educador é o homem que faz com que as coisas difíceis pareçam fáceis.

Ralph Waldo Emerson

Conteúdo

1. Introdução

O objetivo geral deste livro era analisar as Histórias de Sucesso da Transformação Digital: Estónia e Singapura.

A pandemia de coronavírus sublinhou a necessidade de uma economia digital forte para evitar perder o comboio da competitividade e aumentar as desigualdades na região, bem como as disparidades de género e a baixa produtividade (Nações Unidas, 2020).

A tecnologia digital será o principal motor da mudança neste século, remodelando as economias, os governos e a sociedade civil e tendo impacto em todos os aspetos do nosso trabalho, por vezes de formas inesperadas. Tendo isto em mente, o PNUD lançou a sua primeira estratégia digital a nível da organização em 2019 (Opp, 2021).

A boa notícia é que a transformação digital pode ajudar as economias da ALC a sair da crise, estimulando a inovação empresarial e novos padrões de consumo, transformando os sistemas de produção e as cadeias de valor, reorganizando os sectores económicos e introduzindo novas condições de competitividade (CEPAL, 2020).

De acordo com o BBVA Research, alguns países atingiram níveis de digitalização acima dos esperados com base nos seus níveis de rendimento. É o caso de Singapura, da Coreia, do Japão, dos Estados Unidos, do Reino Unido e dos países do norte e do centro da Europa (Cabirta, 2019).

2. Transformação digital

A transformação digital é o que acontece quando as empresas adoptam formas novas e inovadoras de fazer negócios com base nos avanços tecnológicos. É o processo de mudar algo completamente com ferramentas digitais (Red Hat, 2021).

A transformação digital é geralmente reconhecida pela amostra analisada como sendo de importância vital para o sucesso organizacional (Cuenca-Fontbona, Matilla & Compte-Pujol, 2020).

A transformação digital nas organizações é possível, necessária e crítica para começar o mais cedo possível e será viável se as equipas que têm de a implementar conhecerem em pormenor a visão e a estratégia da organização...(Juca, Brito, B., García & Burgo, 2019).

Figura 1: Transformação digital nas organizações.

Fonte: https://secatel.com/que-es-la-transformacion-digital

O atual processo de transformação digital e os enormes benefícios e previsões estratégicas alcançados em áreas de atividade como a indústria e o retalho geraram diferentes propostas teóricas e práticas para a sua implementação e desenvolvimento em áreas não económicas como a política, a educação, a assistência e, mais preocupantemente, a moral (Calvo, 2019).

É, em geral, a forma como trabalhamos, aprendemos e vivemos que faz da tecnologia uma força crucial para a competitividade económica e o desenvolvimento social (Anzola, 2019).

O resultado é uma verdadeira transformação social: as TIC estão a mudar a forma como nos relacionamos uns com os outros, trabalhamos ou ocupamos o nosso espaço de lazer (Muñoz, Díaz & Gallego, 2020).

Por outro lado, são destacadas as novas tecnologias digitais, os recursos da Internet orientados para a educação e as abordagens relativas à redução do fosso digital no contexto educativo (Vargas-Murillo, 2020).

Existe uma relação objetiva entre o nível de sofisticação dos sistemas nacionais de inovação e a qualidade da digitalização das funções de gestão universitária (Dudin, Afanasyev, Voropaev & Zasko, 2020).

A conclusão a que se chegou é que a digitalização deve ser vista como uma oportunidade para melhorar a governação, através da reestruturação dos serviços públicos, utilizando intensivamente as tecnologias digitais, a fim de aumentar a sua eficácia e eficiência para alcançar o bem-estar digital dos cidadãos e poupanças substanciais (Huamán & Medina, 2022).

Figura 2: Transformação digital na administração pública.

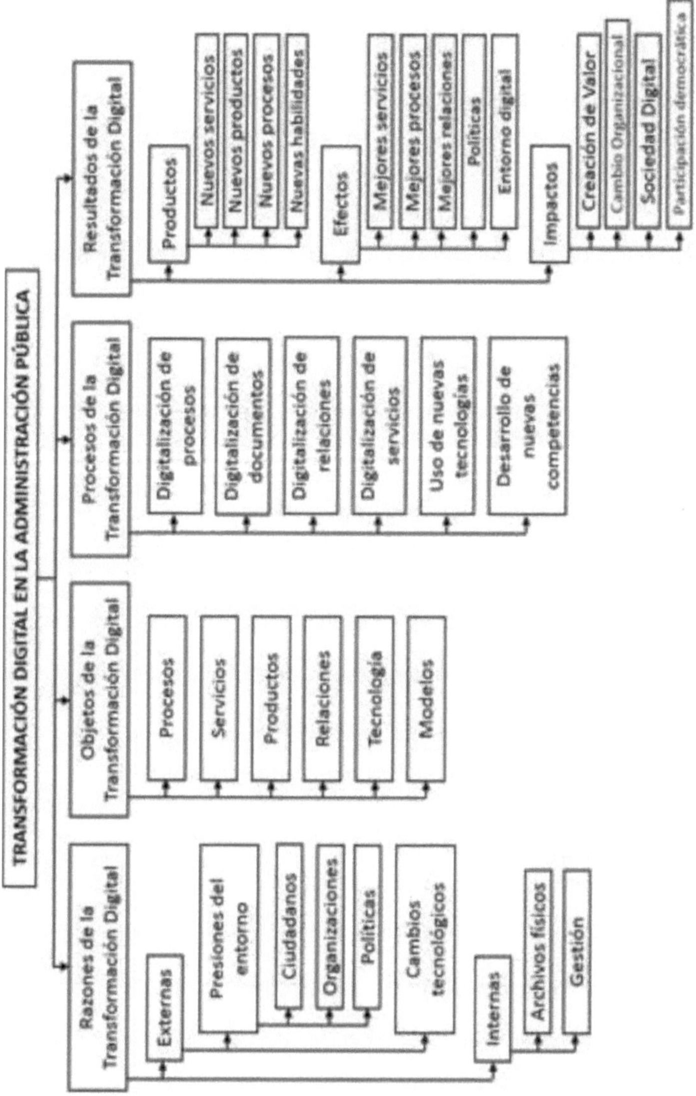

Fonte: Huamán & Medina (2022)

Outra área de interesse dinâmico é a dos estudos da informação na administração pública eletrónica e na democracia eletrónica, bem como nas cidades inteligentes ou na aprendizagem e inclusão digitais (Paletta e Moreiro-Gonzalez, 2021).

É possível afirmar que a influência e a adoção da administração digital em diferentes países contribui para aproximar os cidadãos e o Estado, aumentar a transparência e melhorar os serviços.... Em suma, a administração digital permite o acesso à informação de uma forma flexível e fiável. Desta forma, o governo pode proporcionar inclusão, fiabilidade na prestação de serviços e melhorar a qualidade de vida dos cidadãos (Pérez, 2020).

Entre os principais desafios estão o planeamento, a adaptação de metodologias e currículos, a mudança de mentalidade e a forma de conseguir, através da transformação digital, uma integração e gestão eficientes de todos os envolvidos numa organização...(Ospina, & Navarrete, 2020).

E esta necessidade estratégica exige uma forte vontade de abordar, a partir do interior, as necessidades de mudança: da tecnologia às pessoas. Porque qualquer transformação digital, para ser bem sucedida, deve centrar-se em três questões: tecnologia, processos e pessoas (Benítez, 2020).

Por último, a sensação constante de que a transformação digital está a ocorrer a um ritmo (muito) mais lento do que o esperado está relacionada com múltiplos factores, entre os quais o receio de que os transformadores digitais acabem por ser substituídos pela própria tecnologia (Vacas, 2018).

A transformação digital é um facto, apontou Guedes, e os dados, que não param de crescer, são a moeda oficial e mais valiosa desta revolução. Blockchain, machine learning e big data são as respostas para essa produção incessante de conhecimento que exige ordem, marco regulatório, evolução e soluções (Elsevier Connect, 2018).

A aplicação blockchain é uma inovação tecnológica que promete revolucionar a forma como as commodities do sector petrolífero são transaccionadas, através da utilização de técnicas criptográficas que permitem a agilização de transacções complexas que estão a ser aplicadas no comércio e nos negócios (Sanchez, 2020).

Figura 3: Como funciona a cadeia de blocos

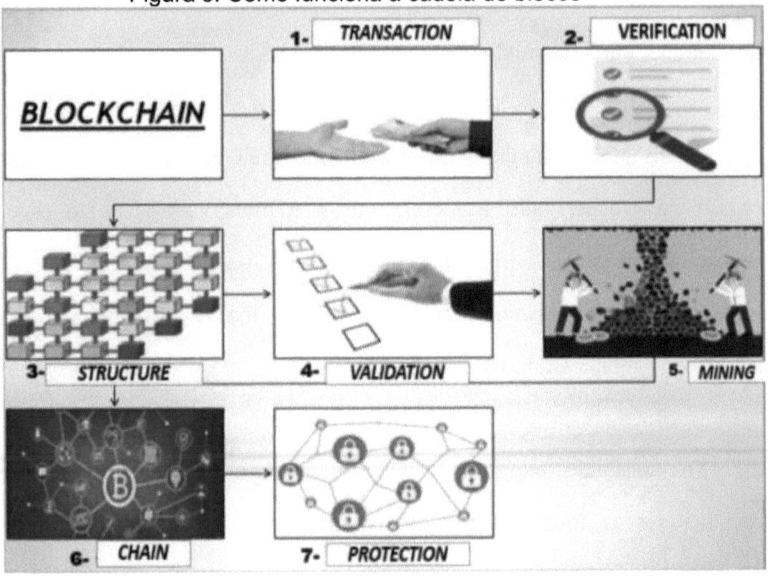

Fonte: Sanchez (2020)

Isto significa que a transformação digital é vista não como uma simples implementação de novas tecnologias, mas como uma "educação digital", uma vez que, quando formos capazes de compreender como funcionam, seremos também capazes de as aplicar (Alayón, 2021).

Figura 4: Os 4 eixos da transformação digital

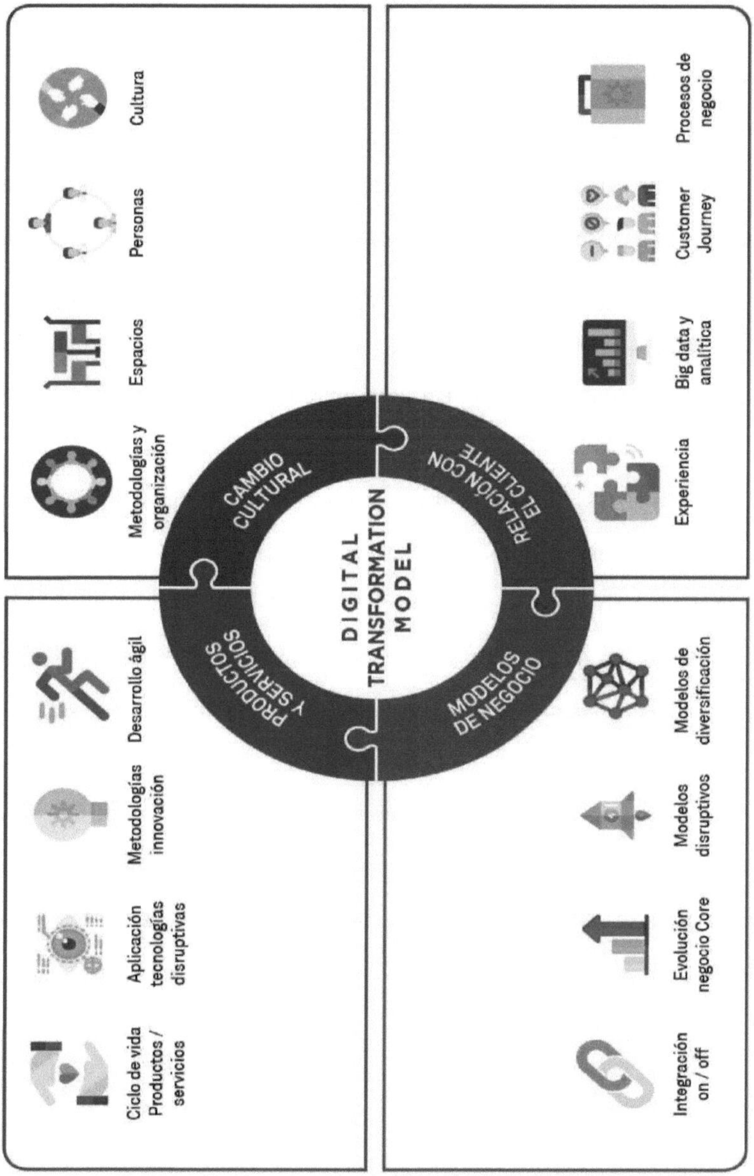

Fonte: The Valley Digital Business School (2021).

A figura 4 mostra os 4 eixos da transformação digital, que são os produtos e serviços, a mudança cultural, os modelos de negócio e as relações com os clientes.

Os mestres digitais cultivam duas capacidades: a capacidade digital, que lhes permite utilizar tecnologias inovadoras para melhorar elementos da sua atividade, e a capacidade de liderança, que lhes permite prever e conduzir a mudança organizacional de uma forma sistemática e rentável. Em conjunto, estas duas capacidades permitem a uma empresa transformar a tecnologia digital numa vantagem competitiva (Bonnet & Westerman, 2021).

Atualmente, 244 milhões de latino-americanos - 38% da população - não têm acesso à Internet, uma lacuna social que aprofunda a desigualdade em termos de acesso ao conhecimento e às oportunidades. Esta lacuna acentua-se no interior dos países da região, entre as populações urbanas e rurais, bem como entre homens e mulheres, e entre jovens e idosos (CAF, 2020).

A transformação digital é importante e urgente para as organizações e os países, especialmente nestes tempos de pandemia. Por conseguinte, devem ser envidados esforços para a implementar, especialmente na América Latina, onde o fosso digital está a aumentar.

3. Resultados

Felizmente, estão a surgir práticas eficazes para transformar o governo, os serviços, as comunidades, as cidades e as empresas nos países que estão na vanguarda. Entre as abordagens mais eficientes contam-se: adotar uma visão holística das TIC e dos investimentos complementares; mobilizar a procura de boa governação e de melhores serviços; e promover parcerias público-privadas, entre outras (Hanna, 2017).

Figura 5. Países classificados de acordo com o Índice de Inclusão na Internet de 2021.

Fonte: Statista (2021)

A figura 5 mostra que a Suécia é o país mais inclusivo na Internet em 2021, graças ao investimento contínuo e a uma política estatal adequada.

A União Internacional das Telecomunicações (UIT), em conjunto com o Ministério dos Negócios Estrangeiros da República da Estónia (MRE Estónia), o Ministério Federal da Cooperação Económica e do Desenvolvimento da República Federal da Alemanha (BMZ) e a Digital Impact Alliance (DIAL) da Fundação das Nações Unidas, assinaram uma declaração conjunta para acelerar a transformação digital e a digitalização dos serviços públicos, especialmente em contextos de poucos recursos (UIT, 2020).

O processo de transformação digital nos casos da Estónia e de Singapura é descrito a seguir.

3.1 O caso da Estónia

A capital da Estónia é Tallinn, **Línguas oficiais da UE**: estónio, **Estado-Membro da UE**: desde 1 de maio de 2004, **Moeda**: euro... A Estónia é uma república parlamentar. O seu chefe de governo - o primeiro-ministro - é nomeado pelo Presidente e aprovado pelo Parlamento. É responsável pelo poder executivo conferido ao governo. O chefe de Estado - o Presidente - é eleito pelo Parlamento ou pelo colégio eleitoral para um mandato de cinco anos. O Parlamento, composto por 101 membros, é eleito por sufrágio direto de 4 em 4 anos. O país está dividido em 15 províncias e 79 municípios (União Europeia, 2021).

A Estónia é um dos três países bálticos que se encontram entre as nações mais avançadas no ensino e na utilização das tecnologias da informação e da comunicação. Em 1991, depois de se tornar independente da União Soviética, a Estónia optou por promover a economia digital e a inovação tecnológica em massa, devido ao facto de ser um país minúsculo com falta de recursos naturais próprios (Roonemaa, 2017).

Este pequeno país nasceu sem dinheiro, sem tecnologia e sem instituições. Teve de começar do zero e, por isso, apoiou-se no talento humano especializado em números e criptografia (Semana, 2020).

Os primeiros passaportes da nova nação foram emitidos em 1992 e, quando, uma década mais tarde, chegou a altura de os renovar, o governo deu um passo em frente e forneceu ao bilhete de identidade um chip eletrónico para aceder aos seus serviços em linha. Atualmente, 99 por cento dos procedimentos oficiais - um total de 1 789... (Collera, 2018).

Há cerca de 25 anos, o sector público estónio estabeleceu o objetivo de desenvolver a administração pública eletrónica e o governo começou a desenvolver bases de dados, a melhorar um ambiente seguro para o intercâmbio de informações e a certificação digital e a promover a criação de serviços electrónicos (Holm, 2020).

Em 2000, este pequeno Estado báltico tornou-se o primeiro país a aprovar uma Lei das Telecomunicações, declarando o acesso à Internet um direito universal. No mesmo ano, o Conselho de Ministros aboliu o papel e os cidadãos passaram a poder entregar as suas declarações de impostos online (Cerdeira, 2020).

A Estónia é um dos países mais avançados do mundo na transformação digital, onde 99% dos procedimentos públicos e privados são feitos em linha; o telemóvel funciona como documento de identidade, meio de pagamento e ferramenta para assinar qualquer documento; e onde o tempo necessário para criar uma empresa é de três horas (Confiep, 2019).

Quadro 1. Incidentes cibernéticos internacionais (2003-2020)

Año	Incidente
2003	Acusación de EEUU a China sobre ataques informáticos (Titan Rain).
2007	Ataques a Estonia que inutilizaron infraestructuras críticas.
2008	Explosión, por ataque cibernético, del oleoducto BTC en Refahiye (Turquía).
2010	El gusano informático Stuxnet genera daños en plantas de uranio iraníes y sabotea proyectos estratégicos nacionales.
2012	Borrado de 30.000 discos duros de la empresa petrolera Saudí Aramco.
2016	Presunto ciberataque ruso (servicios de seguridad rusos) en las elecciones presidenciales de EEUU con filtraciones de información de los servidores de correo del Comité Nacional Demócrata y de su candidata Hillary Clinton, publicación de documentos para afectar su imagen y posible manipulación de elecciones en favor de Donald Trump.
2018	Supuestos ciberataques contra estructuras de información de Rusia en la copa mundial de fútbol y contra redes de suministro eléctrico en 2019.
2019	Presuntos ataques cibernéticos a la infraestructura eléctrica de Venezuela.
2020	Acusaciones entre potencias por presuntos ataques cibernéticos para robo de propiedad intelectual e información sobre vacunas COVID 19.
2020	Intrusión a la plataforma de videoconferencias Zoom para extraer información, infiltrar datos y boicotear reuniones remotas.

Fonte: Ospina & Sanabria (2020).

O quadro 1 mostra o incidente cibernético que ocorreu em 2007, quando a Estónia sofreu um grande ataque cibernético em que as suas infra-estruturas críticas foram desactivadas.

Este sistema baseia-se na x-road, uma plataforma segura de intercâmbio de dados de fonte aberta, que permite o acesso a 3000 procedimentos/serviços diferentes. A proteção de dados é assegurada através da utilização da tecnologia blockchain. Os estónios confiam e utilizam soluções em linha porque são rápidas, seguras e convenientes (Accessr, 2020).

Figura 6: A escala local-nacional-internacional da crise do Soldado do Ano.

Bronze e os ciberataques de Tallinn 2007

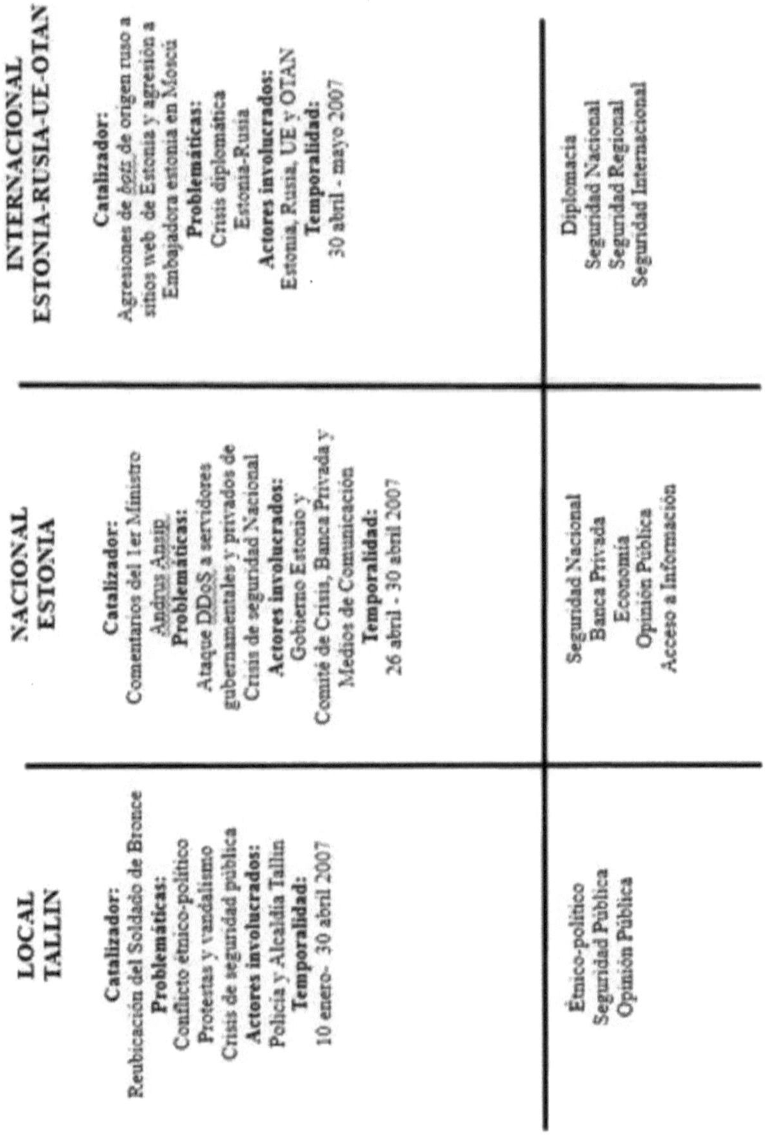

Fonte: Aguilar (2019)

A figura 6 mostra a escalada da crise que culminou com os ciberataques à Estónia durante o período de 30 de abril a maio de 2007.

De acordo com o MICITT (2019), graças ao apoio e à ligação prestada pelo Banco Interamericano de Desenvolvimento para aproximar a Costa Rica da experiência do governo digital da Estónia, foram assinados vários acordos nos quais se trabalhará:

1. Intercâmbio de conhecimentos para o desenvolvimento de soluções eficazes de economia e governação digitais.
2. Desenvolvimento de um roteiro e implementação de plataformas relevantes para o intercâmbio de dados e a ligação das instituições.
3. Promoção e cooperação entre empresas e comunidades tecnológicas para o desenvolvimento de serviços digitais entre os dois países.
4. Desenvolvimento da identidade digital.
5. Formação e intercâmbio de experiências em matéria de cibersegurança e de proteção das infra-estruturas críticas.
6. Promoção da cooperação entre instituições de ensino.

A Estónia conseguiu conter a epidemia. O artigo argumenta que a gestão da crise foi facilitada por factores políticos, pela rápida aprendizagem das políticas, pela cooperação com a comunidade científica e pela infraestrutura das tecnologias da informação e da comunicação e da governação digital (Raudla,

2021).

Figura 7: Sítio Web para obter a residência eletrónica na Estónia.

Fonte: E-resident (2021)

A figura 7 mostra o sítio Web da Estónia, que é o primeiro país a oferecer a residência eletrónica, uma identidade e um estatuto digitais emitidos pelo governo que dão acesso ao ambiente empresarial transparente da Estónia: uma nova nação digital para o mundo. Os empresários residentes na Internet de todo o mundo podem criar uma empresa sediada na UE e gerir os seus negócios a partir de qualquer lugar, completamente em linha (E-resident, 2021).

A residência eletrónica está disponível para cidadãos de todo o mundo. Pode iniciar o processo a partir deste sítio Web.

A economia da Estónia é inovadora e baseada no conhecimento, utilizando novas tecnologias e modelos empresariais e formas flexíveis de emprego. Foram criadas condições favoráveis à I&D e à inovação no sector privado, e os investigadores e as empresas estão a cooperar. O ambiente empresarial da Estónia atrai as pessoas a trabalharem aqui, a criarem empresas ou a participarem em negócios virtuais, a investirem e a criarem e testarem novas soluções que beneficiem a sociedade em geral (Valitsus, 2021).

Figura 8: E-Estónia, um governo digital de sucesso.

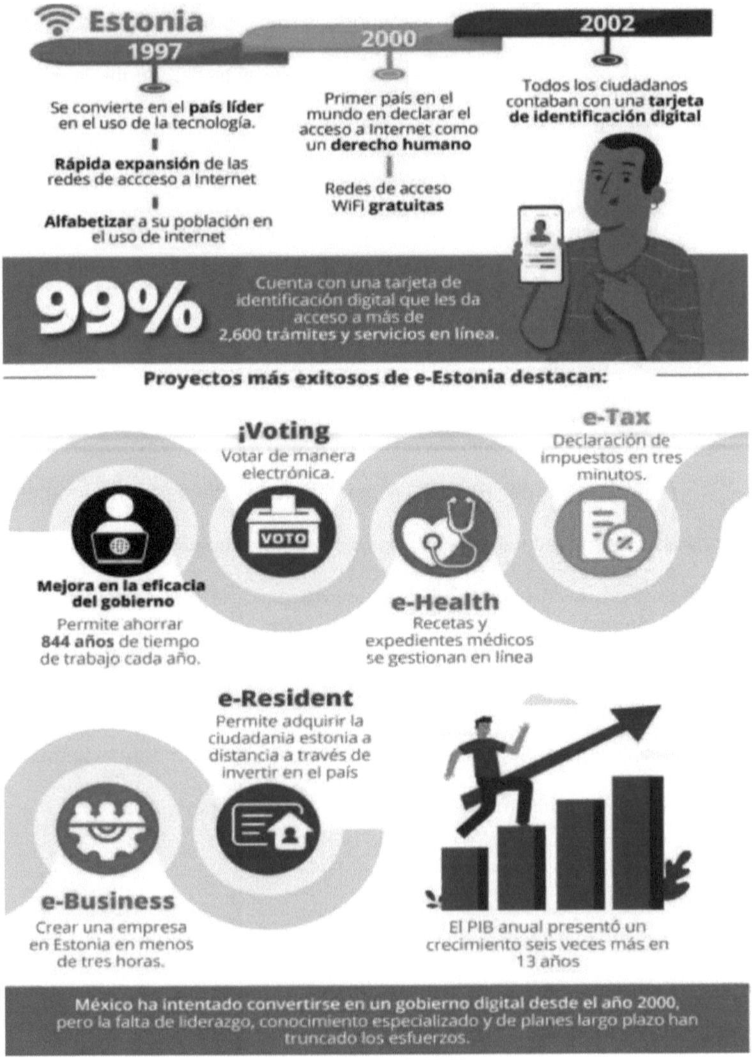

Fonte: Marcopaz (2021)

A figura 8 mostra a Estónia como um governo digital de sucesso, cujos projectos mais proeminentes são: Melhoria da eficiência da administração pública, votação eletrónica, saúde eletrónica, declaração eletrónica de impostos, comércio eletrónico e residência eletrónica.

Sendo um país altamente digitalizado, está muito exposto a ciberataques, razão pela qual a Estónia está a envidar esforços contínuos para evitar uma crise semelhante à de 2007.

3.2 Caso de Singapura

Singapura é constituída por 64 ilhas, incluindo a ilha principal, conhecida como Ilha de Singapura ou Pulau Ujong. Esta ilha está ligada à parte continental da Malásia por duas pontes. A primeira conduz à cidade fronteiriça de Johor Bahru, na Malásia. A segunda, mais a oeste, também liga a Johor Bahru, nos bairros da região de Tuas (Outer, 2021).

Em 1959, quando o Reino Unido tinha acabado de conceder a autonomia a Singapura, Lee Kuan Yew foi eleito Primeiro-Ministro. Em 1963, Singapura aderiu à Federação da Malásia. No entanto, as divergências entre o governo federal e o governo local conduziram à independência definitiva de Singapura em 9 de agosto de 1965, com Lee Kuan Yew à frente dos 2 milhões de singapurenses, fruto de imigrantes chineses, indianos e malaios (Mandujano, 2021).

Figura 9: Mapa de Singapura

Fonte: Negócios Estrangeiros (2021)

A figura 9 apresenta o mapa de Singapura, que mostra o grande número de ilhas que constituem o seu território.

A quarta nação mais rica do planeta, em termos de poder de compra per capita dos seus habitantes, não é maior do que a chamada capital do mundo,

Nova Iorque. Membro do seleto clube das cidades-estado, juntamente com o Vaticano e o Mónaco, Singapura tem apenas 5,7 milhões de habitantes... (Bonet, 2021).

Singapura ficou em primeiro lugar, com um bom desempenho em todas as sete componentes (Necessidades básicas, Investimento governamental e empresarial, Facilidade de fazer negócios, Capital humano, Ambiente de arranque, Adoção de tecnologia e Infraestrutura tecnológica), incluindo a pontuação mais elevada em Capital humano e Investimento governamental e empresarial (Cisco, 2020).

Era necessária uma mudança de mentalidade, afirmou o Ministro Zulkifli. "A nossa abordagem tem sido a de construir uma cidade habitável e sustentável, através de uma política pragmática baseada em princípios económicos e científicos sólidos; uma concentração no planeamento a longo prazo e na implementação eficaz; e a capacidade de mobilizar o apoio popular para o bem comum" (PNUA, 2018).

Entendemos que as pessoas são o nosso único recurso, por isso, se precisamos de desenvolver alguma coisa, é para desenvolver as pessoas. É por isso que o nosso forte investimento na educação e na concentração, penso que não é apenas do governo, é uma norma cultural para os asiáticos investirem na educação. Em geral, a cultura chinesa é assim, e Singapura é 75% chinesa (Observatório TEC, 2020).

O sistema foi incorporado no cartão de identidade digital nacional - conhecido como *SingPass* (Singapore Personal Access) - que, desde 2003, permitiu a cerca de 3,3 milhões de cidadãos de Singapura, pouco mais de metade da população total, ligarem-se a mais de 400 serviços públicos e privados (Almoguera, 2020).

Singapura tem tudo a ver com tecnologia. Os seus habitantes já dispõem de uma rede de fibra ótica que se estende por toda a ilha, fornecendo-lhes Internet de alta velocidade, e já existem três telemóveis por cada dois cidadãos (BBC World, 2017).

A abordagem centrada no cidadão continua a registar progressos à medida que evolui de acordo com a evolução das preferências dos cidadãos. Com a criação de excelentes infra-estruturas de Internet e a disponibilidade em linha de dados governamentais, espera-se que a participação eletrónica cresça à medida que começa a fazer parte integrante da prestação de serviços governamentais e da interação com o público (Pantzer, 2016).

Figura 10: Programa Go Digital de Singapura.

Fonte: IMDA (2021).

A figura 10 mostra o programa Go Digital de Singapura a partir da Infocomm Media Development Authority (IMDA), que tem 3 passos: O seu negócio digital está pronto, como começou e onde pode obter ajuda?

O modelo de inovação de Singapura baseia-se na influência do sector público sobre o sector privado. O governo começa por identificar os sectores que são estratégicos para o país e aqueles em que tem capacidade de influência. Uma vez identificados, anuncia a sua intenção de investir e investir fortemente nesses sectores e contacta as grandes empresas do sector para estabelecer parcerias público-privadas, tanto com universidades como com organismos públicos (Sánchez, 2021).

O sector das fintech é já um mercado consolidado em Singapura, com uma vasta gama de aceleradores, programas de inovação aberta com as principais instituições financeiras do país, incluindo os três bancos locais DBS, OCBC e UOB, bem como um grande número de bancos internacionais sediados no hub comercial que Singapura representa no Sudeste Asiático, e um apoio institucional significativo (Sanchez, 2020).

Quadro 2. O sector das fintech em Singapura.

Ponto de referência	Figura	Variação do ano anterior	Fonte
Investimento total em *fintech* em Singapura (2019)	+1 mil milhões de SGD	+12 %	Autoridade Monetária de Singapura (MAS)
Número de *startups de fintech* (2019)	+1.100	-	MAIS
Classificação mundial das fintechs (2019)	3.°	[18	Findexable
IFZ Global FinTech Ranking (2018)	1°	-	Laboratórios da Thomson Reuters
Empresas do sector Fintechl00 (2019)		-	KPMG
Setor financeiro em percentagem do PIB (2019)	13,9%	+0,7 %	Singstat
Índice dos Centros Financeiros Globais	5°		Grupo Z/Yen
N.º de licenças bancárias	204	-	MAIS
N.º de licenças de seguros	351	-	MAIS
Nº licenças meios de pagamento	466		MAIS

Fonte: Sanchez (2020).

O quadro 2 mostra o aumento do investimento total em fintechs.

de Singapura, de acordo com a Autoridade Monetária de Singapura (MAS).

O Singapore FinTech Festival, organizado pela Autoridade Monetária de Singapura, o Singapore FinTech Festival (SFF) está na sua sexta edição. O evento anual do ano passado reuniu 60 000 participantes de 160 países, tanto virtual como presencialmente, para serviços financeiros, políticas públicas e desenvolvimento tecnológico (Singapore Fintech Festival, 2021).

Figura 11: Sítio Web do Singapore Fintech Festival.

Fonte: Festival Fintech de Singapura (2021)

A Figura 11 mostra o sítio Web do Singapore Fintech Festival, que dá acesso a patrocinadores e expositores, agenda, comunidade, sobre, certificação e registo.

Na Estónia e em Singapura, destacam-se o forte investimento do Estado e o empenho e a adaptação da sua sociedade às mudanças da transformação digital.

4. Conclusões

Os quatro eixos da transformação digital são os produtos e serviços, a mudança cultural, os modelos de negócio e as relações com os clientes.

A transformação digital é importante e urgente para as organizações e os países, especialmente nestes tempos de pandemia. Por conseguinte, devem ser envidados esforços para a implementar, especialmente na América Latina, onde o fosso digital está a aumentar.

A Suécia é o país mais inclusivo na Internet em 2021, graças ao investimento contínuo e a uma política estatal adequada.

No incidente cibernético de 2007 na Estónia, as infra-estruturas críticas do país foram danificadas e a crise agravou-se entre 30 de abril e maio de 2007.

O sítio Web da Estónia oferece o e-Residency, uma identidade e um estatuto digitais emitidos pelo governo que dão acesso ao ambiente empresarial transparente da Estónia: uma nova nação digital para o mundo.

A Estónia é um governo digital de sucesso, cujos projectos mais proeminentes são: Melhoria da eficiência da administração pública, votação eletrónica, saúde eletrónica, arquivo eletrónico, negócios electrónicos e residência eletrónica.

O programa "Go Digital Singapore" da Infocomm Media Development Authority (IMDA), que tem 3 etapas: A sua empresa está preparada para o digital, como começou e onde pode obter ajuda?

Há indícios de um aumento do investimento total em fintech em Singapura, de acordo com a Autoridade Monetária de Singapura (MAS).

O sítio Web do Singapore Fintech Festival oferece acesso a patrocinadores e expositores, agenda, comunidade, sobre, certificação e registo.

A Estónia e Singapura são dois casos de sucesso de transformação digital, razão pela qual muitos países procuram os seus conselhos e estabelecem acordos. Este processo de transformação digital tem exigido um esforço constante e um elevado nível de empenhamento por parte dos actores envolvidos.

Referências bibliográficas

Accessr (2020). E-stónia, o país mais conectado do mundo.

Obtido de https://accessr.eu/en/projets/e-stonia-the-most-

país-conectado-no-mundo/

Aguilar, Juan Antonio Manuel (2019). Fatos ciber-físicos: uma proposta de análise para ameaças cibernéticas nas Estratégias Nacionais de Cibersegurança. Revista Latino-Americana de Estudos de Segurança URVIO, (25), 24-40. https://doi.org/10.17141/urvio.25.2019.4007

Alayón Rodríguez, E. E. (2021). Tecnologias disruptivas na transformação digital das organizações na Indústria 4.0. Revista Científica, 6(21), 267-281. https://doi.org/10.29394/Scientific.issn.2542- 2987.2021.6.21.14.267-281

Almoguera, P. (2020). Singapura estreia sistema de verificação facial como bilhete de identidade . recuperado de https://elpais.com/retina/2020/10/02/innovacion/1601653052_245522.ht ml

Anzola Montero, G. (2019). Transformação digital para a revolução industrial: o novo apelo para o U.D.C.A. Rev. U.D.C.A Act. & Div. Cient. 22(1):e1228. https://doi.org/10.31910/rudca.v22.n1.2019.1228 Barrero, A. e Rosero, A. (2018). Estado del Arte sobre Concepciones de la Diversidad en el Contexto

Escolar Infantil. Revista Latino-Americana de Educação Inclusiva, 2018, 12(1), 39-55 https://doi.org/10.4067/S0718- 73782018000100004

BBC Mundo (2017). Singapura: o que o país mais caro do mundo está a fazer para se tornar o mais inteligente. Recuperado de https://www.bbc.com/mundo/noticias-38894741

Benítez, E. (2020). A transformação digital do controlo externo da despesa pública. Auditoría Pública n° 76, pp.19 - 30. https://asocex.es/wp-content/uploads/2020/11/Revista-Auditoria-Publica-n%C2%BA-76-pag- 19-a-30.pdf

Bonet, I. (2021). Singapura, o Mónaco asiático dos mega-ricos. Recuperado de https://elpais.com/gente/2021-09-14/singapur-la-monaco-asiatico-megarricos.html

Bonnet, D. & Westerman, G. (2021). Os novos elementos da transformação digital. Business Review (No. 308) - TIC - fevereiro.
Obtido em https://www.harvard-deusto.com/los-nuevos-elementos-de-la-transformacion-digital

CAF (2020). Transformação digital para a América Latina do século XXI. Obtido de https://www.caf.com/es/conocimiento/visiones/2020/02/transformacion- digital-for-the-latin-america-of-s21/

Cabirta, A. (2019). Quais são os países mais digitalizados? Obtido em https://www.bbva.com/es/cuales-son-los-paises-mas- digitised/

Calvo, Patrici (2019). Etification, La transformación digital de lo moral* * Este estudo faz parte do Projeto de Investigação Científica e Desenvolvimento Tecnológico FFI2016-76753-c2-2-p, financiado pelo Ministério da Economia e Competitividade, e uji-a2016-04, financiado pela Universitat Jaume I. Kriterion: Revista de Filosofia, v. 60, n. 144, pp. 671-688. Disponível em: <https://doi.org/10.1590/0100-512X2019n14409pc>.

CEPAL (2020). América Latina e Caribe: a transformação digital é fundamental para acelerar a recuperação e garantir uma melhor reconstrução, diz novo relatório. Recuperado de https://www.cepal.org/es/comunicados/america-latina-caribe-la- transformacion-digital-es-clave-acelerar-la-recuperación

Cerdeira, L. (2020). O que podemos aprender com a Estónia, o país mais digitalizado do mundo . https://forbes.es/empresas/76138/lo-que-podemos-aprender-de-estonia- el-pais-mas-digitalizados-del-mundo/

Cisco (2020). Estudo da Cisco revela como os países estão preparados para criar uma economia digital em que todos os cidadãos possam participar e prosperar. Obtido em https://news-blogs.cisco.com/americas/en/2020/03/11/cisco-study-reveals-countries'-readiness-to-build-a-digital-economy-in-which-all-citizens-can-participate-and-thrive/

Collera, V. (2018). Estónia, o primeiro país digital do mundo. Recuperado de https://elpais.com/elpais/2018/04/05/eps/1522927807_984041 .html

Confiep (2019). Transformação digital e inovação nas empresas: o caso da Estónia. Recuperado de https://www.confiep.org.pe/noticias/actualidad/transformacion-digital-e-innovation-in-companies-the-case-of-estonia/

Cuenca-Fontbona, Joan, Matilla, Kathy, & Compte-Pujol, Marc (2020). Transformação digital dos departamentos de relações públicas e comunicação numa amostra de empresas espanholas. Revista de Comunicación, 19(1), 75-92. https://dx.doi.org/10.26441/rc19.1-2020-a5

Dudin, M., Afanasyev, V., Voropaev, M. & Zasko, V. (2020). Situação e problemas de digitalização da gestão universitária na Rússia e em três países latino-americanos (Argentina, Chile e Brasil). Form. Univ. vol. 13n. 6. http://dx.doi.org/

Elsevier Connect (2018). Transformação digital do sector da saúde: mapa de situação e tendências. Recuperado de https://www.elsevier.com/es-en/connect/ehealth/transformacion-digital-del-sector-salud-mapa-de- situacion-y-tendencias

E-resident (2021). A nova nação digital. Obtido em https://www.e-resident.gov.ee/

Negócios Estrangeiros (2021). Singapura - Ministério dos Negócios Estrangeiros.

Recupera

do de

http://www.exteriores.gob.es/documents/fichaspais/singapur_ficha%20p ais.pdf

Hanna, N. (2017) Como é que os países em desenvolvimento podem tirar o máximo partido da revolução digital? Retirado de https://blogs.worldbank.org/es/voices/como-pueden-los-paises-en- development-maximising-the-digital-revolution.

Holm, J. (2020). Transformação digital no sector público da Estónia Benefícios e desafios para o Gabinete Nacional de Auditoria. Revista espanhola de controlo externo, Vol. 22, n.º Extra 64, pp. 22-47. Recuperado de https://dialnet.unirioja.es/descarga/articulo/7768609.pdf

Huamán Coronel, Pepe Luis, & Medina Sotelo, Cristian Gumercindo (2022). Transformação digital na administração pública: desafios para a governança ativa no Peru. Comuni@cción, 13(2), 93-105. https://dx.doi.org/10.33595/2226-1478.13.2.594

IMDA (2021). PME GoDigital . recuperado de https://www.imda.gov.sg/programme-listing/smes-go-digital

Juca Maldonado, F., Brito, B., García Saltos, M. B., & Burgo Bencomo, O. B. (2019). Transformação digital nos processos acadêmicos universitários como alternativa para reduzir o impacto no meio ambiente. Revista Conrado, 15(67), 309-316. Recuperado de http://conrado.ucf.edu.cu/index.php/conrado

Mandujano, J. (2021). O avanço económico de Singapura: a independência e os primórdios da nação insular . Obtido em http://pueaa.unam. mx/blog/avance-econom ico-de-singapore-primera-parte.

Marcopaz (2021). E-Estónia, um governo digital de sucesso. Recuperado de http://marcopaz.mx/2021/05/20/e-estonia-un-gobierno-digital-exitoso/

MICITT (2019). Costa Rica e Estónia assinam acordos de cooperação sobre Governo Digital e Quarta Revolução Industrial. Recuperado de https://www.micitt.go.cr/portaldos/index.php?option=com_content&view= article&id=10535:teletrabajo-es-ley-de-la- republica&catid=40&Itemid=1917

Muñoz, L., Díaz, E. & Gallego, S. (2020). As responsabilidades derivadas do uso das tecnologias de informação e comunicação na prática das profissões de saúde. Anales de Pediatría, Volume 92, Número 5,Páginas307. 5, Pages307.e1-307.e6. https://doi.org/10.1016/j.anpedi.2020.03.003.

Nações Unidas (2020). A exclusão digital não deve se tornar uma nova face da desigualdade na América Latina. Recuperado de https://news.un.org/es/story/2020/09/1481182

Observatório do CET (2020). Conheça o modelo educativo de sucesso de Singapura . https://observatorio.tec.mx/edu-notícias/entrevista-mike-thiruman-secretário-geral-sindicato-dos-professoresem-singapura

Opp, R. (2021). A tecnologia digital está a transformar o desenvolvimento. O PNUD também está Transformando também. recuperado de https://www1.undp.org/content/undp/es/home/blog/2021/digital-is- changing-development--undp-is-changing-too--.html

Ospina Díaz, Milton Ricardo, & Sanabria Rangel, Pedro Emilio (2020). Desafíos nacionales frente a la ciberseguridad en el escenario global: un análisis para Colombia. Revista Criminalidad, 62(2), 199-217. Epub 26 de novembro de 2020 . http://www.scielo.org.co/scielo.php?script=sci_arttext&pid=S1794-31082020000200199&lng=en&tlng=es.

Ospina Usaquén, M. Ángel, & Navarrete Cárdenas, L. C. (2020). Caracterização dos principais desafios da implementação da transformação digital no ensino de engenharia na Colômbia. Encuentro Internacional De Educación En Ingeniería. Recuperado de https://acofipapers.org/index.php/eiei/article/view/772

Paletta, F. C. e Moreiro-González, J. A. (2021). A transformação digital nos métodos e temas da pesquisa brasileira em Informação e Documentação 2010-2019. Revista Española de Documentación Científica, 44 (2), e293.

https://doi.org/ 10.3989/redc.2021.2.1763

Pantzer, R. (2016). Singapura e a sua tecnologia de ponta. Recuperado de https://blogs.iadb.org/administracion-publica/es/singapur-y-su-tecnologia de ponta/

Pérez, Baena, F. A. (2020). Estratégia de governo digital para a construção de estados mais transparentes e proativos. Trilogía Ciencia TecnologíaSociedad , 12(22), 71-102. https://doi.org/10.22430/21457778.1235

Raudla, Ringa (2021). A resposta da Estónia à pandemia da COVID-19: aprendizagem, cooperação e as vantagens de ser um país pequeno. Revista de Administração Pública, v. 55, n. 1. https://doi.org/10.1590/0034-761220200414.

Red Hat (2021). Transformação digital: O que é a transformação digital? Obtido em https://www.redhat.com/es/topics/digital- transformation/what-is-digital-transformation

Roonemaa, M. (2017). O "tigre digital" do Báltico. Recuperado de https://es.unesco.org/courier/abril-junio-2017/tigre-digital-baltico

Sánchez, C. (2020). Ficha de informação do sector. O mercado das fintech em

Singapura 2020. Obtido em https://www.icex. en/icex/en/navegacion-principal/all-our-services/market-information/countries/navegacion-principal/el-mercado/estudios- informes/DOC2020857012.html?idPais=SG

Sánchez, F. (2021). O modelo de inovação e empreendedorismo em Singapura. Boletín económico de ICE, Información Comercial Española, N° 3132 (De 1 a 28 DE FEVEREIRO DE 2021), pp. 61-71. https:/ /doi.org/10.32796/bice.2021.3132.7152

Sánchez Cano, Julieta Evangelina (2020). A inovação tecnológica do blockchain e o seu impacto no sector da energia. Panorama económico (Cidade do México), 16(31), 157-178. Epub 23 de fevereiro de 2021.https://doi.org/10.29201/pe-ipn.v16i31.267

Statista (2021). Países classificados de acordo com o Índice de Inclusão na Internet 2021 da The Economist Intelligence Unit. Obtido em https://es.statista.com/grafico/25716/paises-y-territorios-clasificados- segun-el-indice-de-inclusion-de-internet/

Semana (2020). A incrível história da Estónia, o país mais digital do mundo. Obtido em https://www.semana.com/economia/articulo/la- unbelievable-history-of-estonia-the-most-digital-country-in-the-world/202011/

Festival Fintech de Singapura (2021). Sobre nós. Retirado de https://www.fintechfestival.sg/about-us/

Escola de Negócios Digitais do Vale (2021). Modelo de transformação digital. Recuperado de https://thevalley.es/scale/

UIT (2020). A UIT, a Estónia, a Alemanha e a DIAL unem forças para acelerar a transformação digital dos serviços governamentais. Retirado de https://www.itu.int/es/mediacentre/Pages/cm06-2020- ITU-Estónia-Alemanha-DIAL-digital-transformation-government.aspx

PNUA (2018). A jornada de Singapura para se tornar um modelo de biodiversidade. Obtido em https://www.unep.org/es/noticias-y-reports/reports/the-singapore-journey-to-become-a-model-of

União Europeia União Europeia (2021). Estónia. consultado em https://europa.eu/european-union/about-eu/countries/member-countries/estonia_en

Vacas, F. (2018). Transformação digital: do facelift à reconversão. CEF, n.º 10 (maio-agosto de 2018), pp. 135-143). Recuperado de https://dialnet.unirioja.es/descarga/articulo/6775335.pdf

Valitsus (2021). Objectivos estratégicos. retirado de https://www.valitsus.ee/en/estonia-2035-development-stategy/strategy/strategic-goals

Vargas-Murillo, G. (2020). Estratégias educacionais e tecnologia digital no processo de ensino-aprendizagem. Cuadernos Hospital de Clínicas, 61(1), 114-129. Recuperado de http://www.scielo.org.bo/scielo.php?script=sci_arttext&pid=S1652-67762020000100010&lng=es&tlng=es.

MIX
Papier aus verantwortungsvollen Quellen
Paper from responsible sources
FSC® C105338

Printed by Books on Demand GmbH, Norderstedt / Germany